Погода

Автор Амані Удуман

Library For All Ltd.

Погода

Це видання опубліковано у 2022 році

Опубліковано Library For All Ltd
Електронна пошта: info@libraryforall.org
URL-адреса: libraryforall.org

Погода
Удуман, Амані
ISBN: 978-1-922918-49-9
SKU03461

Погода

Сонячно.

4

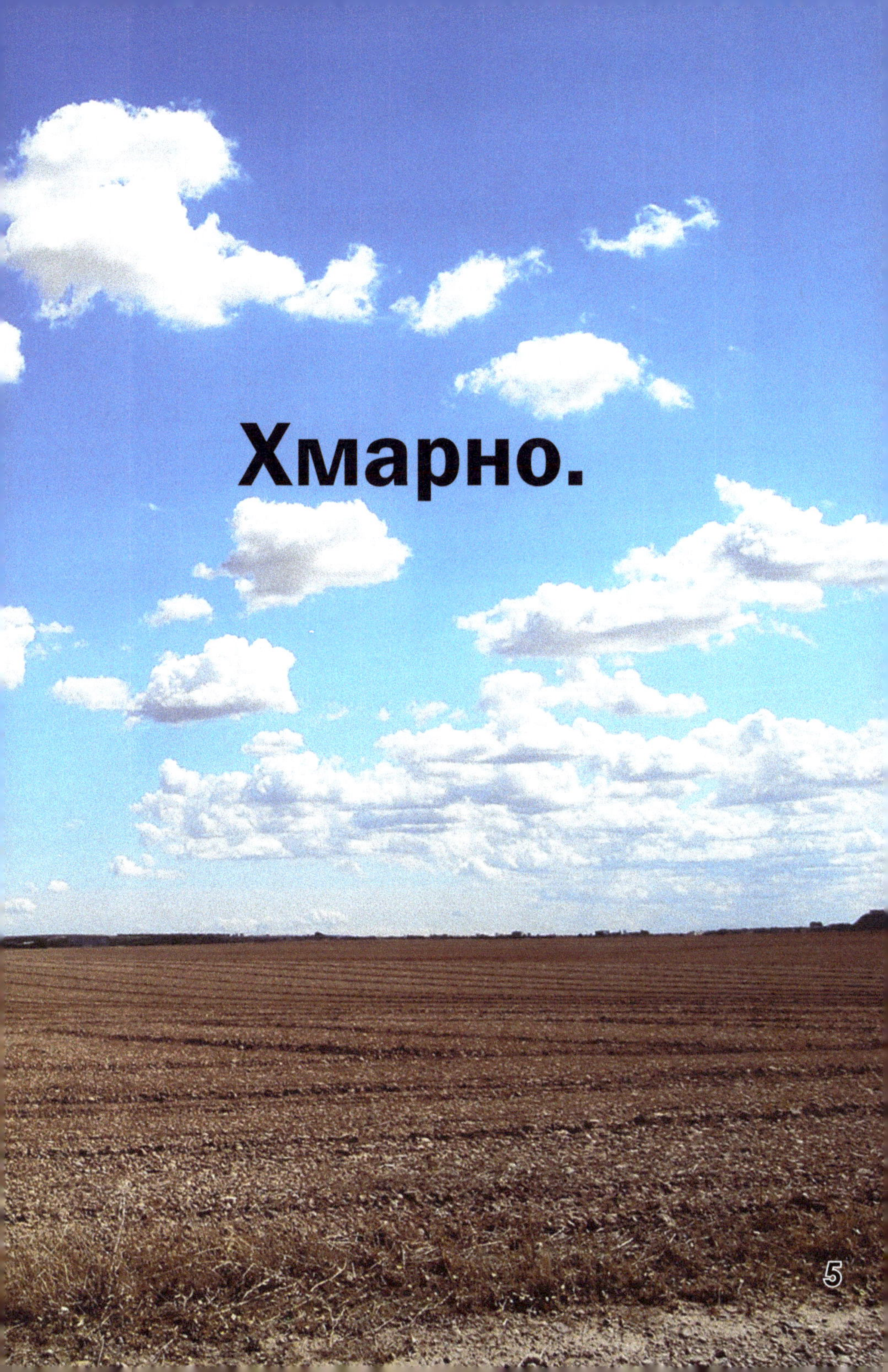

Хмарно.

Дощить.

Вітряно.

Штормова погода.

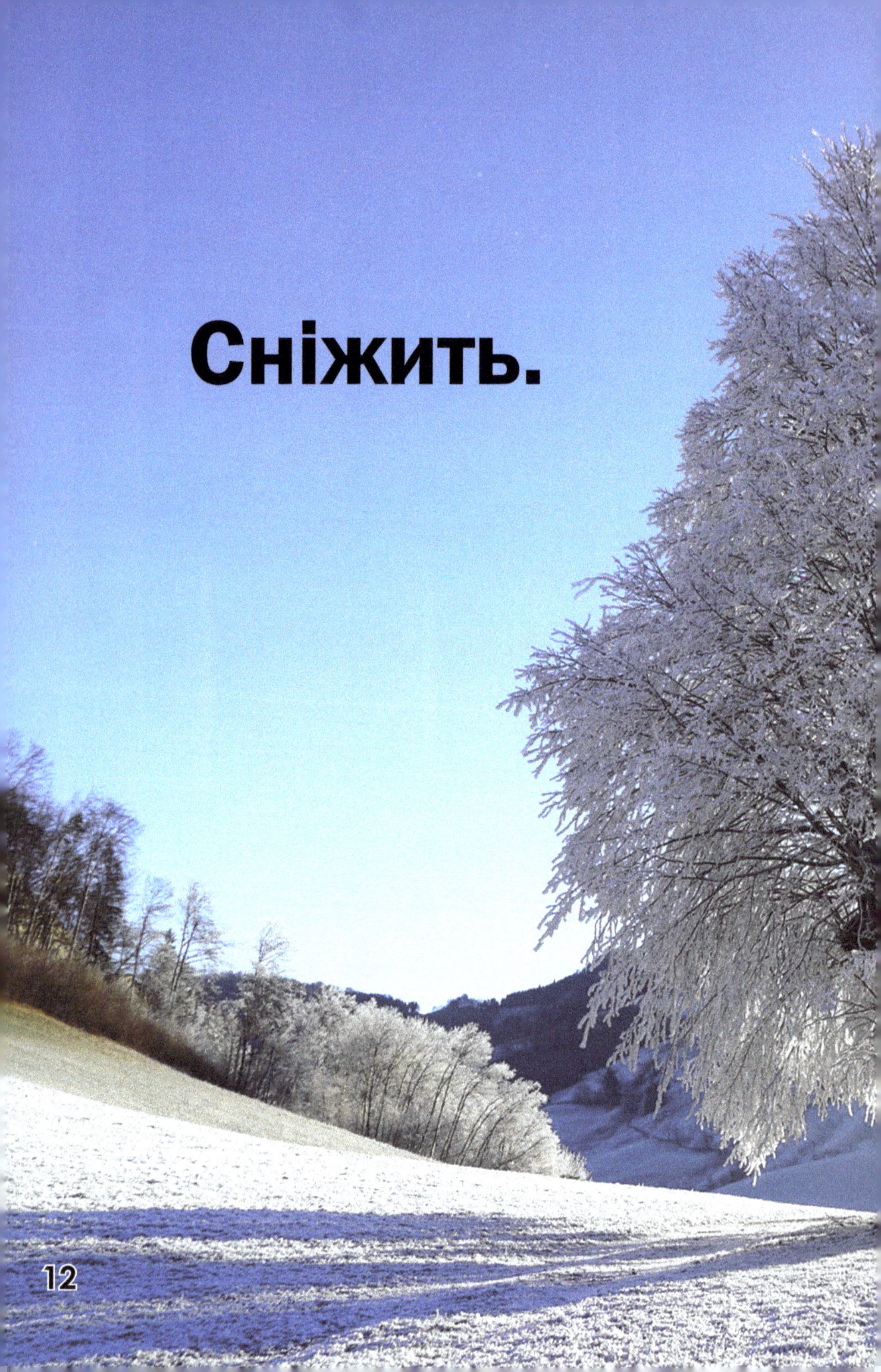

Сніжить.

Туманно.

15

Скористайся цими запитаннями, щоб обговорити книгу з сім'єю, друзями і вчителями.

Чому тебе навчила ця книга?

Опиши цю книгу одним словом. Смішна? Моторошна? Кольорова? Цікава?

Що ти відчуваєш після прочитання цієї книги?

Яка частина цієї книги найбільше тобі сподобалась?

Завантажуй наш додаток для читання
getlibraryforall.org

Про автора

Амані Удуман мігрувала в Австралію зі Шрі Ланки у п'ятирічному віці разом зі своєю родиною. Вона навчалася в Університеті Дікіна, Мельбурн, де отримала науковий ступінь у педагогіці. Незважаючи на те, що вона заклопотана мати трьох малюків, вона полюбляє писати оповіді у вільний час. Їй також подобається читати оповіді для дітей — химерні, творчі та веселі.

Тобі сподобалась ця книга?

В нас є ще сотні унікальних оповідань, ретельно відібраних фахівцями.

Щоб забезпечити дітей у всьому світі доступом до радості читання, ми тісно співпрацюємо з авторами, педагогами, консультантами в сфері культури, представниками влади та неурядовими організаціями.

Чи відомо тобі?

Ми досягаємо глобальних результатів у цій царині, дотримуючись Цілей сталого розвитку Організації Об'єднаних Націй.

www.ingramcontent.com/pod-product-compliance
Lightning Source LLC
Chambersburg PA
CBHW042349040426
42448CB00019B/3476